L'OMBRE

DU MARÉCHAL GOUVION ST-CYR,

SUR LES

FORTIFICATIONS DE PARIS.

PARIS,

IMPRIMERIE DE MOQUET ET COMPAGNIE,
RUE DE LA HARPE, 90.

1841

L'OMBRE

DU MARÉCHAL GOUVION ST - CYR,

sur les

FORTIFICATIONS DE PARIS.

Français,

Eh quoi ! c'est mon nom qu'on a mis en avant pour soutenir un système de défense indigne de vous et lâchement ruineux.

Lorsque au moment des traités ignobles de 1815, je me retirai du ministère de la guerre pour n'avoir pas à commettre ma portion de gloire personnelle dans les concessions dégradantes qu'une Restauration fourbe et rancunière allait faire à des étrangers, ses hôtes et ses amis bienvenus, ma pensée fut de me dérober à tant de honte, enveloppé dans mon manteau de l'armée du Rhin, si patriotique, si nationale.

Alors, je n'avais plus, dans l'oppression de mes souvenirs, qu'à méditer sur les malheurs d'un peuple longtemps l'effroi et l'admiration de l'Europe, quand tout à coup lassé de ses humiliations devant des alliés insolents et rapaces, Louis XVIII, déjà même à moitié détrôné par l'émigration et le jésuitisme, fit un appel presque énergique à de nouveaux ministres capables cette fois de ressentir les affronts de la France et de réprimer peut-être l'orgueil d'ennemis insatiables, en éloignant de ses conseils leurs complices et leurs esclaves.

Ce fut ainsi que, cédant aux illusions d'un autre avenir, sous des rêves nouveaux d'indépendance pour une patrie naguère encore noble et grande, je repris le portefeuille de la guerre, avec des projets de réhabilitation nationale et l'espoir secret surtout de mettre en bon état de défense et de sûreté toute cette portion du territoire en arrière des occupations déplorables que la Sainte-Alliance avait étendues sur tout le front et jusque dans la profondeur même de notre grande barrière du nord.

La France peut se rappeler en effet ce que je fis, en face de cent cinquante mille baïonnettes orgueilleuses, pour la doter d'abord d'un recrutement franc et honorable. L'armée elle-même n'a point oublié à coup sûr les lois qu'ensuite je provoquai solennellement pour rétablir ses droits, consacrer ses grades et faire rendre à son existence, à sa discipline, les hommages d'un respect tout social et d'une reconnaissance généreuse, magnanime.

Aussi, déjà l'énergie avait ressaisi les masses de la population ; la confiance se communiquait des drapeaux aux esprits jaloux de régénération publique et de ranimation nationale.

Or, il n'y avait plus qu'à décider, dans l'attente d'une reprise d'armes provoquée plus ou moins prochainement par de nouvelles avanies d'oppression, quels pourraient être les moyens d'appui et de refuge que trouveraient, d'une part, les gardes nationales en émoi de périls et de dévastations ; de l'autre, les corps de troupes régulières mis en campagne et bouillonnant à l'envi de revanches.

Je le déclare ici, Français, avec toute l'ostentation des sentiments qui m'animaient alors : oui certainement, tout en calculant votre force, votre vaillance sur de nouveaux dangers pour la patrie, je n'eus jamais assez d'intimidation dans mes pensées pour croire qu'il fallût, *avant tout*, faire de Paris un dernier réduit de défense, avec des fossés jusqu'aux entrailles de la terre, et des murailles bastionnées à la hauteur des toits.

Cependant, c'est parce que des voix grossies par la peur ont fait arriver jusqu'en mon tombeau leurs clameurs assourdissantes, mêlées avec mon nom, à des mensonges et des couardises, que vous me voyez apparaître ici pour vous livrer sans réserve et sans fausse pudeur, l'appréciation de mon plan de défense, du reste tout simple, tout naturel, tout patriotique.

En supposant que l'ennemi posté, comme on sait, sous Strasbourg, Lille et Metz, en 1815, 1816 et 1817, se prît à faire, dans un tems donné, quelque invasion nouvelle à sa guise , en Alsace, en Artois, en Lorraine , mon système et mes projets de résistance d'alors consistaient, jusqu'à nos retours d'attaque, à proposer uniquement d'échelonner des camps retranchés sur trois lignes en arrière jusqu'à la Loire, et de les accoler aux travaux des places de l'intérieur, encore en notre possession.

Aujourd'hui Péronne présente l'essai d'un de ces camps devant lesquels, de distance en distance et de ligne en ligne, les armées coalisées les plus nombreuses auraient été forcées de s'arrêter sous les risques, en marchant en avant, d'avoir partout, sur leurs derrières, leurs convois enlevés, leurs trains coupés et détruits.

Là, effectivement, les populations, les gardes nationales mobiles et les corps de troupes en campagne auraient eu des rendez-vous communs et toujours plus menaçants, plus audacieux à se grossir sans cesse.

Aucune de ces conceptions d'impôts et de ces

idées d'abîmes d'argent qui vous font avec raison tressaillir aujourd'hui d'effroi, n'avait trouvé place dans mes élaborations guerrières : je frissonne au fait plus que vous à la crainte de vous voir tomber dans les gouffres de vos fortifications permanentes et colossales, en pensant malgré moi qu'une lâcheté, qu'une trahison pourraient encore, du dernier sou de la France, faire un dernier trafic de corruption et d'opprobre.

Oh! laissez là les moyens usuraires de l'argent et les travaux contemplatifs de la peur !

Puisque je suis debout devant vous pour remettre en mémoire d'autres temps de graves périls et réveiller aussi d'autres impressions de civisme et de vaillance, voici ce que je crois encore praticable pour la France, par patriotisme et par honneur, quelles que soient les menaces d'une autre Sainte-Alliance, et l'arrogance de son langage, et la félonie de ses machinations.

Le système de 1817 est à reprendre, puisque le pavillon de Marsan et de nouveaux amis des ennemis trouvèrent encore une fois le moyen de m'écarter, lorsque j'allais former la première ligne de camps,

d'Abbeville, par Péronne et Lafère ;
de Rocroy, par Sedan et Montmédy ;
de Verdun, par Nancy et Lunéville ;
d'Épinal, par Colmar et Béfort ;

de Vesoul, par Dijon et Lons-le-Saulnier.

Alors compatissant à la détresse publique dont l'occupation étrangère était la cause et le fléau, je ne comptais demander aux Chambres que vingt millions de sacrifices, puisque cette première ligne ne devant offrir que des ouvrages de campagne, n'aurait exigé que des terrassements faciles et peu coûteux, pour creuser presque partout en même temps des fossés fraisés et les rehausser partout aussi de battcries à barbette rasantes et plongeantes.

Une fois ce premier boulevard lié de proche en proche à travers des pays plus ou moins difficiles et des populations toutes égales en ardeur de haine et de défense à l'approche de l'ennemi, si, par impossible, ses têtes de colonnes étaient arrivées pourtant jusque-là sans se rompre et se voir en péril ; alors au cri du danger de la patrie, se serait élevée tout à coup, plus en arrière, la seconde ligne de camps, de la Saône à la Loire.

Oh ! c'eût été dans cette position critique, que sans appel d'argent, sans surexcitation de misère, les populations elles-mêmes et les troupes de toutes armes réfugiées sous les places, auraient à l'envi recreusé des fossés, redressé des batteries et présenté de nouveau à l'étranger des ouvrages plus redoutables encore par le nombre et le désespoir.

Incessamment, à coup sûr, l'ennemi, épuisé par ses assauts et ses éparpillements sur un front immense d'attaques toujours nouvelles, n'aurait pu se contenir partout en masses redoutables ; il lui aurait fallu choisir décidément un terrain d'opérations concentrées ; et c'est alors que de l'enceinte des camps laissés en arrière ou de côté, seraient sortis des essaims de partisans et d'éclaireurs qui n'auraient cessé d'attaquer les queues de ses renforts et d'anéantir ses ravitaillements, pour le laisser bientôt à lui-même devant d'autres amoncellements de points retranchés, sortis encore de terre par une ardeur rivale de résistance et avec plus de résolution et plus d'intrépidité que jamais.

Vous concevez, Français d'aujourd'hui, que l'étranger à ce jeu terrible serait resté au milieu du pays assez longtemps en épreuves de combats et de contre-marches avant d'arriver en force et confiant sous Paris.

Néanmoins, c'est pour une dernière situation pareille, toute fantastique, qu'on vous parle chaque jour, en longs discours lugubres, de fortifications gigantesques et désespérées, et c'est à cette occasion aussi qu'on évoque les grands noms de Vauban, de Louis XIV et de Napoléon.

Mais d'une part, lors de la bataille de Denain, la France prenait peu d'intérêt à la guerre

de Trianon, et les armées stipendiaires d'une superbe monarchie n'avaient pas fait le tour du monde, drapeaux déployés.

Ainsi, la capitale d'un souverain pas plus redoutable qu'un autre , pouvait être atteinte sans peine et peut-être même occupée sans que la nation plébéienne fût en grand émoi, puisqu'alors ce n'était qu'un événement d'amour-propre royal et de vanité dynastique.

D'un autre côté, quant à Napoléon, les regrets dont il fut assailli trop tard à Fontainebleau, n'eurent point pour motifs des ouvrages tels que ceux dont la pusillanimité vous rompt la tête depuis un mois, au prix d'un demi-milliard.

Tout l'orgueil qu'il avait mis à couvrir, en dehors de la France, Anvers et Alexandrie de travaux merveilleux, toute l'ostentation de sé-curité dont il s'était fait gloire en ses élans de conquêtes , pour abandonner, du Rhin à Lafère et de l'Escaut à la Seine, les remparts d'anciennes places fortes désormais converties en boulingrins et promenades ; tous ces retours foudroyants d'écarts et de fausses dépenses se bornèrent à n'avoir pas profité de l'exaltation de Paris, aux combats héroïques de Montmirail, de Champaubert, de Nangis et de Montereau, pour faire faire seulement des palanques d'es-

pace en espace comme à Dresde, afin d'avoir
toujours, dans ses excursions, le temps d'accou-
rir et de prendre à revers un ennemi incertain
de ses attaques et de sa destinée.

En effet, il se rappela qu'avec ce seul obstacle
en terre, la grande armée des alliés descendue à
torrents des montagnes de Bohême, fut par mon
petit corps de 14,000 conscrits, retenue trois
grands jours en échec, et qu'il avait eu le temps
d'arriver de Silésie en personne, pour déployer
quelques divisions de sa garde, dont l'élan et
l'exaltation jetèrent aussitôt l'épouvante au milieu des quatre-vingts mille hommes partout en
confusion à cette approche, et partout en dé-
route complète et pitoyable.

Si donc à présent, Français, vous avez réelle-
ment à vous préoccuper de la position flétris-
sante dans laquelle vous ont plongés une di-
plomatie perfide et des tergiversations gouverne-
mentales timides, indignes, c'est le cas d'en
revenir dès aujourd'hui à la défense pour vous
la plus facile, la plus sûre, et pour l'étranger,
la plus redoutable, la plus effrayante, surtout
lorsque vous saurez l'appuyer et l'étendre encore
comme autrefois, avec vos appels à la liberté et
vos hymnes mémorables de triomphes.

A mon avis, restez donc calmes et dédaigneux
devant une coalition plus inquiète que vous de

son avenir : gardez votre demi-milliard pour
vous donner au besoin des approvisionnements
perpétuels de poudre et de baïonnettes.

Jusque-là, qu'une première ligne de camps
adossés aux places frontières et retranchés par
de simples terrassements, s'établisse, avec quelques millions, à distance de Paris, libre d'action,
et riche, et fier de tranquillité.

Ce sera plus tard, si l'ennemi ose s'avancer,
que vous vous leverez en masses orgueilleuses
de patriotisme, et que sortiront gratuitement de
terre de nouveaux remparts de ligne en ligne
jusque sous Montmartre.

Alors, et seulement alors, on verrait Paris se
couvrir de lui-même par des palanques instan-
tanées et des ouvrages de campagne à brûle pour-
point, où des corps d'ouvriers, des légions de ci-
toyens et des essaims fougueux de jeunesse, sortis
à l'envi, les uns et les autres, des ateliers, des ha-
bitations et des écoles, viendraient, en tête même
de l'armée, faire partout le coup de feu et partout
tirer à mitraille.

Que si dans ces moments extrêmes pour l'honneur et l'indépendance, un gouvernement pouvait rester en arrière, parler de transaction et
lâchement offrir à l'étranger la patrie en holo-
causte, ô Français ! les ombres des héros du
Rhin, de l'Italie et de l'Égypte, se dresseraient

comme la mienne, interdites, courroucées, et toutes courraient à la fois aux tours Notre-Dame pour ébranler les battants du tocsin !

C'est alors aussi que, groupées autour de la colonne Vendôme, elles feraient rayonner de leur colère le chapeau d'Arcole et d'Austerlitz, et qu'à leur appel, des vengeurs, s'élançant de tous côtés sur l'Arc-de-Triomphe de l'Étoile, prononceraient du haut des accusations et des déchéances, et là déploieraient au vent l'oriflamme nationale, signe de péril et de salut.

Je ne puis croire heureusement à tant de déshonneur et de subversions ! Aussi puisque vous m'avez compris, je rentre sous la tombe, confiant dans la prédestinée d'une nation magnanime, héroïque, impérissable.

Eh mais pourtant ! qu'entends-je encore ? quelle rumeur nouvelle m'enveloppe et me confond ? Quoi ! c'en est fait : Paris aura pour lui seul des enceintes bastionnées et des fronts de citadelle ! La France, en pleine paix, sera mise à contribution d'un milliard six cents millions pour rester ouverte et livrée nue aux ravages de l'ennemi, de Metz à Saint-Denis, de Lille aux buttes Saint-Chaumont et de Strasbourg à Charenton.

O malheureuse patrie, hier encore l'espoir et le refuge des nations opprimées, voilà comme tu célèbres l'arrivée des restes glorieux de ton plus grand homme !

C'est en sa présence et à la vue de son épée enfin de retour, que tu te donnes corps et biens aux divinités infernales le plus hideuses : à L'ÉGOÏSME, à la PEUR.

Non : c'en est trop ! allons des linceuls aussi et des funérailles aux Invalides, pour l'honneur, pour la vaillance, pour la victoire !

Adieu, France, adieu ! Cette fois pour toi tout est bien mort ! Désormais donc, muette en ton coin, vis ignominieusement de honte et d'outrages, si du reste on te laisse vivre.

L'ombre illustre avait disparu ; mais la pierre tumulaire à moitié retombée laissa s'échapper encore ces mots, en gémissement sourds et interrompus :

Et pas de vengeurs ! pas d'oriflamme au vent ! pas de... de.... Si.!. Si.!. demain peut-être....

Ah JUILLET ! JUILLET ! JUILLET !

Le secrétaire intime du maréchal, à la guerre et à la marine,

SAINTE-CHAPELLE.

Rue Saint-Honoré, 370.